BEI GRIN MACHT SICH IHR WISSEN BEZAHLT

- Wir veröffentlichen Ihre Hausarbeit, Bachelor- und Masterarbeit

- Ihr eigenes eBook und Buch - weltweit in allen wichtigen Shops

- Verdienen Sie an jedem Verkauf

Jetzt bei www.GRIN.com hochladen und kostenlos publizieren

GRIN

Bibliografische Information der Deutschen Nationalbibliothek:

Die Deutsche Bibliothek verzeichnet diese Publikation in der Deutschen National-bibliografie; detaillierte bibliografische Daten sind im Internet über http://dnb.d-nb.de/ abrufbar.

Impressum:

Copyright © 2021 GRIN Verlag
Druck und Bindung: Books on Demand GmbH, Norderstedt Germany
ISBN: 9783346473653

Dieses Buch bei GRIN:

https://www.grin.com/document/1041450

Madeleine Hartleff

Biografischer Fragebogen zur Berufseignungsdiagnostik, Vor- und Nachteile der funktionalen Organisation, Auswahlgespräche mithilfe des Multimodalen Interviews

GRIN Verlag

GRIN - Your knowledge has value

Der GRIN Verlag publiziert seit 1998 wissenschaftliche Arbeiten von Studenten, Hochschullehrern und anderen Akademikern als eBook und gedrucktes Buch. Die Verlagswebsite www.grin.com ist die ideale Plattform zur Veröffentlichung von Hausarbeiten, Abschlussarbeiten, wissenschaftlichen Aufsätzen, Dissertationen und Fachbüchern.

Besuchen Sie uns im Internet:

http://www.grin.com/

http://www.facebook.com/grincom

http://www.twitter.com/grin_com

Sonderprüfung

Aufgabe: A

im Studiengang Psychologie (B. Sc.)

im Fach

an der

SRH Fernhochschule – The Mobile University, Riedlingen

Verfasserin: **Madeleine Hartleff**

Inhaltsverzeichnis

Abkürzungsverzeichnis

MMI   Multimodales Interview

u. a.   unter anderem

Abbildungsverzeichnis

1 Aufgabe A1 – Biografischer Fragebogen

Die leitende Mitarbeiterin der Personalabteilung im Unternehmen Time, Frau Jung, möchte im Rahmen eines Führungskräftetreffens ein neues eignungsdiagnostisches Testverfahren vorstellen. Das Verfahren soll fürs Erste bei der Besetzung von internen Stellen herangezogen werden. Um sich auf dieses Treffen ideal vorzubereiten, erarbeitet Frau Jung zunächst eine Zusammenfassung. In dieser wird zu Beginn erklärt, was unter dem biografischen Verfahren der Berufseignungsdiagnostik verstanden wird, um anschließend den biografischen Fragebogen zu erläutern. Abschließend wird die Validität des Testverfahrens betrachtet.

1.1 Biografischer Ansatz der Berufseignungsdiagnostik

Der biografische Fragebogen ist Teil des biografischen Ansatzes der Berufseignungsdiagnostik (Schuler, 2013, S. 34, 2014a, S. 158). Der Grundgedanke der biografieorientierten Verfahren ist, dass aus vergangenen Verhaltensweisen und Leistungsergebnissen auf zukünftiges Verhalten geschlossen werden soll (Schuler, 2013, S. 34). Dafür ist es jedoch notwendig, dass das Handeln konstant bleibt (Höft & Schuler, 2019, S. 86). Für die biografieorientierten Verfahren können alle Informationen über „Bildungs- und Ausbildungswege, Schul- und Examensnoten, Berufserfahrung und Arbeitszeugnisse, Praktika und Auslandsaufenthalte, eventuell auch Hobbys und andere berufsnahe Beschäftigungen und Kenntnisse" (Schuler, 2013, S. 34) herangezogen werden. Entsprechend Schuler (2014a) können biografische Informationen ebenfalls Erkenntnisse über die Fertigkeiten eines Bewerbenden geben, wie zum Beispiel Computer- oder Sprachkenntnisse. Des Weiteren können diese Angaben einen Hinweis auf eine Führungsbefähigung darstellen, wenn die sich bewerbende Person Mitglied eines Vorstands ist/war oder in der Schul- und/oder Studienzeit der Schul- und/oder Studierendenvertretung angehört hat (Schuler, 2014a, S. 158). Nach Schanz (2000) ist eine Biografie nicht nur durch beliebige externe Einflüsse geprägt, sondern außerdem von Entscheidungen, die von dem Individuum bewusst getroffen wurden. Dies wiederum sagt etwas über die Persönlichkeit und die Merkmale der Person aus (Schanz, 2000, S. 373). Zu den bekanntesten Formen biografischer Daten gelten Wohl die Bewerbungsunterlagen und das Interview (Schuler, 2014b, S. 261). Im Nachfolgenden wird jedoch nur auf den biografischen Fragebogen eingegangen.

1.2 Definition des biografischen Fragebogens

Laut Mumford, Barrett und Hester (2012), hat Peters bereits 1884 bei einer Versammlung der amerikanischen Versicherungsgesellschaft vorgeschlagen, die Auswahl der Versicherungsverkäufer mithilfe von biografischen Daten zu erheben (S. 354). Entsprechend wurden alle Führungskräfte aufgefordert, den Bewerbern standardisierte Fragen zu den Themen Immobilienbesitz, Geburtsdatum, Wohnort, Erfahrungen im Verkauf, Referenzen etc. zu stellen (Mumford et al., 2012, S. 354; Stehle, 1986, S. 19). Goldsmith (1922) entwickelte später ein Verfahren, in dem die Items des Fragebogens gewichtete wurden. Daraus entstand eine kritische Punktzahl, die über den Erfolg oder Misserfolg eines Kandidaten entschied (Goldsmith, 1922, S. 149). Durch diese Vorstöße erwuchs ein standardisiertes Tool, dass eine Vergleichbarkeit zwischen den Bewerbern ermöglicht (Höft & Schuler, 2019, S. 87). Die Erfragung der biografischen Daten zielt somit nicht darauf ab, die einzigartige Lebensgeschichte eines jeden Bewerbenden zu erfahren, sondern vielmehr die Variationen in den Lebensgeschichten zu erfassen, die bestimmte Aspekte der Leistung eines Individuums erklären können (Mumford et al., 2012, S. 354). Bei der Beantwortung des Fragebogens werden die Personen im Vorfeld gebeten, sich an ihr typisches Verhalten in den abgefragten Situationen zu erinnern und entsprechend aus den Antwortalternativen, die auf sie zutreffendste Antwortalternative zu wählen (Mumford & Owens, 1987, S. 2). Nur so kann das typische Verhalten des Bewerbers erhoben werden (Strobel & Franke-Bartholdt, 2017, S. 107). Der Fragebogen liegt zumeist als Multiple-Choice-Fragebogen in Papierform vor (Struck, 1998, S. 292). Dies ist nach Bröckermann (2016) darauf zurückzuführen, dass einer Verzerrung des Antwortverhaltens entgegengewirkt werden soll. Wenn der Fragebogen zu Hause ausgefüllt werden würde, bestünde die Möglichkeit, dass Familienmitglieder oder Freunde nach dem Verhalten in bestimmten Situationen gefragt werden und somit möglicherweise nicht die eigentliche Persönlichkeit zum Vorschein kommt (Bröckermann, 2016, S. 73).

Der biografische Fragebogen ist inhaltlich gesehen, eine standardisierte Selbstbeschreibung (Schuler, 2020, S. 200). Damit eine Trennung zu einem Persönlichkeitstest vorliegt, ist bei der Itemauswahl darauf zu achten, dass die abgefragten Sachverhalten möglichst eindeutig, überprüfbar und berufsrelevant sind (Schuler, 2014b, S. 260). Mael (1991) hat dafür zehn verschiedene Attribute entwickelt, die er in drei Gruppen eingeteilt hat. Die erste Gruppe (historisch) definiert den Bereich der zu erfassenden biografischen Daten. Die zweite Gruppe (external; objektiv; aus erster Hand; diskret und verifizierbar) enthält Daten, die die korrekte Berichterstattung über die erfragten Verhaltensweisen sicherstellen soll. In der letzten Kategorie (beeinflussbar; allgemein zugänglich; offensichtlich berufsrelevant und nicht invasiv) sind Attribute inbegriffen, die rechtliche oder moralische Bedenken hinsichtlich der Verwendung bestimmter Fragearten für den Auswahlzweck widerspiegeln (Mael, 1991, S. 772). Auf der Grundlage der Attribute und der Tabelle 1 in Mael's (1991, S. 773) Artikel wären folgende Fragen an einen Mitarbeitenden, der sich für das Vertriebsteam der Firma Time interessiert, möglich: „Wie alt waren Sie, als Sie Ihren ersten Job erhalten haben?"; „Wurden Sie jemals in einem Job entlassen?"; „Wie war Ihr Notendurchschnitt im Bachelor-Studium?"; „Wie pünktlich kommen Sie zu internen Meetings?"; „Wann haben Sie das erste Mal ein Produkt oder eine Dienstleistung verkauft?".

An dieser Stelle sei anzumerken, dass in der Literatur immer wieder vier Attribute aus dem Artikel von Mael (1991) näher betrachtet werden: (1) historisch, (2) objektiv, (3) aus erster Hand und (4) verifizierbar (Kauffeld & Grohmann, 2019, S. 152; Schreyögg & Koch, 2020, S. 637–638). Unter dem Attribut „historisch" versteht Mael (1991) alle Ereignisse und Erfahrungen der Vergangenheit. Dazu zählen ebenso die Geschehnisse und Erkenntnisse, die scheinbar nicht mit dem vorhergesagten Verhalten zusammenhängen. Jedoch zählen ein hypothetisches Verhalten oder zukunftsbezogene Absichten und Erwartungen nicht unter dieses Attribut. Unter der Objektivität versteht Mael (1991) alle Ereignisse, die nicht auf ein subjektives Empfinden zurückgehen und somit keinen Interpretationsspielraum lassen. Objektiv wäre die Frage „Welchen Rang hatte ihre Abschlussnote im Vergleich zu Ihren Mitstudierenden?" Hingegen wäre eine Frage nach der Beurteilung der eigenen Leistung im Vergleich zu den Kommilitonen subjektiver Natur. Unter das Attribut „aus erster Hand" fallen Fragen, die diskret sind, aber die eigene Beobachtung des Bewerbers implizieren und nicht die von anderen Personen, wie zum Beispiel den früheren Vorgesetzten. Eine mögliche Fragen könnte wie folgt lauten: „Haben Sie neben Ihrem aktuellen Arbeitsbereich etwas gelernt, zu dem Sie nicht durch uns, Ihren Arbeitgeber, verpflichtet waren?". Das vierte Attribut „verifizierbar" besagt, dass das Gesagte durch Belege überprüft werden kann. Dies können zum Beispiel Schulnoten oder Arbeitsergebnisse sein, genauso wie abgeschlossene Verträge bei einem Vertriebsmitarbeitenden (Mael, 1991, S. 772–779). Muster für weitere typische Fragen in einem biografischen Fragebogen können Schuler (2014b, S. 268) entnommen werden. Schuler (2014b) weist darauf hin, dass es zu empfehlen ist, auf sensible Bereiche wie das Privatleben des Bewerbenden bei der Erstellung des Fragebogens zu verzichten. Weiterhin muss der rechtliche Rahmen bzgl. der Zulässigkeit von Fragen berücksichtigt werden (Schuler, 2014b, S. 269). Bei der Erstellung des biografischen Fragebogens sollte sich an der Anforderungsanalyse des ausgeschriebenen Berufsbildes und der Organisation orientiert werden, da ein Versicherungsmakler andere Anforderungen erfüllen muss als ein Vertriebsmitarbeiter für Pharmaprodukte (Schuler, 1986, S. 4). Jedoch gibt es empirische Befunde, die besagen, dass der biografische Fragebogen über Organisationen, Arbeitsplätze und Kriterien hinweg verallgemeinert werden kann (Carlson, Scullen, Schmidt, Rothstein & Erwin, 1999, S. 744; Stokes & Cooper, 2004, S. 249). Für die Konstruktion von biografischen Fragebögen unterscheidet Schuler (2014b) vier unterschiedliche Konstruktionsansätze (S. 270), auf die an dieser Stelle nicht näher eingegangen werden soll.

Die Merkmale des biografischen Fragebogens lassen sich nach Aigner und Bauer (2008), wie folgt zusammenfassen: Das Verfahren ist auf die Vergangenheit des Bewerbers bezogen. Der Fragebogen beinhaltet sehr viele Fragen (zwischen 50 – 200), die sich auf das Leben und die Erwerbstätigkeit beziehen. Im Regelfall werden die Antwortalternativen vorgegeben. Für einen aussagekräftigen Fragebogen bedarf es im Vorfeld einer signifikanten Anzahl an Teilnehmern in der betreffenden Position und eventuell Organisation (Aigner & Bauer, 2008, S. 102). Im Nachfolgenden wird deshalb die Validität des Fragebogens betrachtet.

1.3 Validität des biografischen Fragebogens

Die Ergebnisse aus verschiedenen Meta-Analysen ergaben laut Liebel (1993), dass der biografische Fragebogen insbesondere für Bewerbende im mittleren oder höheren Lebensalter anwendbar ist (S. 366). Diese Aussage untermauern Carlson und Kollegen (1999) mit ihrer Meta-Analyse. In dieser konnten sie feststellen, dass Bewerbende mit mindestens 10 Jahren Berufserfahrung sich ihren endgültigen Kriteriumswert annähern (Carlson et al., 1999, S. 748). Schuler (2013) weist jedoch darauf hin, dass der Test nur verwertbare Auskünfte gibt, wenn der vorherige Job mit dem zukünftigen Tätigkeitsbereich in vielen Teilen übereinstimmt (Schuler, 2013, S. 34).

Nach Liebel (1993) finden sich in der Literatur Validitäten zwischen $r = .40$ und $r = .70$ (S. 369). Wenn diese Korrelationskoeffizient nach Cohen (1988) interpretiert werden, ergibt sich ein mittlerer bis großer Effekt (S. 80). Bliesener (1996) fand in seiner Meta-Analyse nur eine mittlere Validität von ρ = .303 (SD = .159). Weiterhin schreibt Bliesener (1996) das Unterschiede in der Validität auf die Effekte der Moderator-Variablen zurück zuführen seien könnten. Trotzdem kommt Bliesener (1996) zu dem Entschluss, dass der biografische Fragebogen ein guter Prädikator für die Eignung von Bewerbern ist und gut mit anderen Methoden kombinierbar sei (S. 112, 118). Carlson und Kollegen (1999) haben in ihrer Meta-Analyse einen biografischen Fragebogen für Management-Positionen untersucht. Für den „Manager Profil Record"-Fragebogen konnten die Autoren eine Gültigkeit von r = .48 (ρ = .53) und höher feststellen, was einem mittleren bis großen Effekt entspricht (Carlson et al., 1999, S. 746). Vinchur, Schippmann, Switzer und Roth (1998) untersuchten in einer Meta-Analyse Prädikatoren, die sowohl die objektive als auch die subjektive Verkaufsleistung von Verkaufspersonal ermitteln. Dabei kamen sie zu dem Schluss, dass der biografische Fragebogen sich sehr gut eignet, um die subjektive Leistung (Bewertung) eines Verkäufers hervorzusagen (r = .52). Hingegen konnte für die objektive Leistung, die Verkaufsleistung, nur eine geringe Validität (r = 28) gemessen werden (Vinchur et al., 1998, S. 587, 592).

Reilly und Chao (1982) haben in einem Artikel acht verschiedene Mitarbeiterauswahlverfahren betrachtet. Dazu gehörten u. a. das Interview, akademische Leistungen, Referenzprüfung und der biografische Fragebogen. In dieser Untersuchung konnten nur der biografische Fragebogen und eine Peer-Evaluation als valide eingestuft werden. Biografische Daten können zwar auch mit einem Interview erhoben werden, jedoch kann es hierbei leichter zu Fehlern aufseiten des Interviewers kommen und die Daten werden nicht korrekt und vergleichbar erhoben. In der Arbeit wurden verschiedene Daten für die Validität des biografischen Fragebogens, abhängig von der Berufsgruppe und Kriterien benannt. Diese lagen in einem Range von r = .32 bis r = .46 (Reilly & Chao, 1982, S. 1, 6, 53).

Wie bei allen eignungsdiagnostischen Test, muss auch der biografische Fragebogen regelmäßig überprüft werden und die Validität erneut gemessen werden. Dies ist vor allem unter dem Gesichtspunkt der sich immer rascher ändernden Anforderungsprofile in der heutigen Arbeitswelt wichtig (Liebel, 1993, S. 369). In der Literatur wird trotz guter Kriteriumsvalidität der Test immer wieder kritisiert, da nicht klar sei, was mit dem Fragebogen eigentlich gemessen wird (Schuler & Marcus, 2001, S. 185).

9

Abschließend lässt sich sagen, dass durch die immer größere Verbreitung von Machine Learning der biografische Fragebogen an Bedeutung für die Personalauswahl gewinnen wird (Schuler, 2020, S. 200), vor allem wegen seiner recht hohen Validität.

2 Aufgabe A2 – Funktionale Organisation

Das Unternehmen Time hat insgesamt 1.600 Mitarbeitende und zählt deshalb zu den mittelständischen Unternehmen. Aus der Unternehmensorganisation wird ersichtlich, dass das Unternehmen als funktionale Organisation formiert hat. Im nachfolgenden Text wird erläutert, was unter einer funktionalen Organisationsstruktur zu verstehen ist. Im zweiten Teil werden die Vor- und Nachteile einer funktionalen Organisation besprochen.

2.1 Funktionale Organisationsstruktur

Die funktionale Organisationsstruktur wird als die ursprüngliche Form eines Industrieunternehmens angesehen (Nicolai, 2020, S. 128). Noch heute ist die Form bei Start-ups, klein- und mittelständischen und ebenso bei größeren Unternehmen mit einer relativ geringen Produktpalette vorzufinden (Bach, Brehm, Buchholz & Petry, 2012, S. 262; Schreyögg, 2016, S. 29). Zu diesen Unternehmen zählen zum Beispiel die Audi AG oder Swiss International Air Lines AG (Schreyögg & Geiger, 2016, S. 43). Bach, Brehm, Buchholz und Petry (2017) beschreiben die funktionale Organisation als „eine verrichtungsorientierte Einlinienorganisation mit einer Tendenz zur Entscheidungszentralisation" (S. 280). Der Ausdruck verrichtungsorientierte Organisation bezieht sich dabei darauf, dass auf der zweiten Hierarchieebene übereinstimmende Funktionen vereinigt werden (Bea & Göbel, 2019, S. 341; Carl, Fiedler, Jórasz & Kiesel, 2017, S. 98). Dies geht darauf zurück, dass bei der Organisation des Unternehmens die Kerntätigkeiten betrachtet werden, die anschließend auf der zweiten Hierarchieebene abgebildet werden (Bach et al., 2012, S. 263; Dannenberg, 2001, S. 214). Die zweite Hierarchieebene berichtet an die oberste Leitungsinstanz, weshalb von einer Einlinien-Struktur gesprochen wird (Dannenberg, 2001, S. 214). Die Tendenz der Entscheidungszentralisierung ergibt sich daraus, dass die Unternehmensleitung die einzelnen Funktionsbereiche stark steuern muss, um das Unternehmensziel erreichen zu können (Bach et al., 2017, S. 280). Bezogen auf die Firma Time könnte das Grundmodell der funktionalen Organisation wie in Abbildung 1 dargestellt aussehen. Da das Organigramm des Unternehmens Time nicht bekannt ist, wurden in der Abbildung 1 eventuell nicht alle Abteilungen aufgeführt. Üblicherweise hat ein Industrieunternehmen die Funktionen Beschaffung, Produktion, Absatz, Forschung und Entwicklung sowie verschiedene kaufmännische Funktionen wie Finanzen und Personal (Laske, Meister-Scheytt & Küpers, 2006, S. 49). So wurde zum

Beispiel davon ausgegangen, dass es bei Time zwei Werke gibt, in denen die hochpreisigen Armbanduhren hergestellt werden und aktuell nur zwei Produkte in der Forschung und Entwicklung sind.

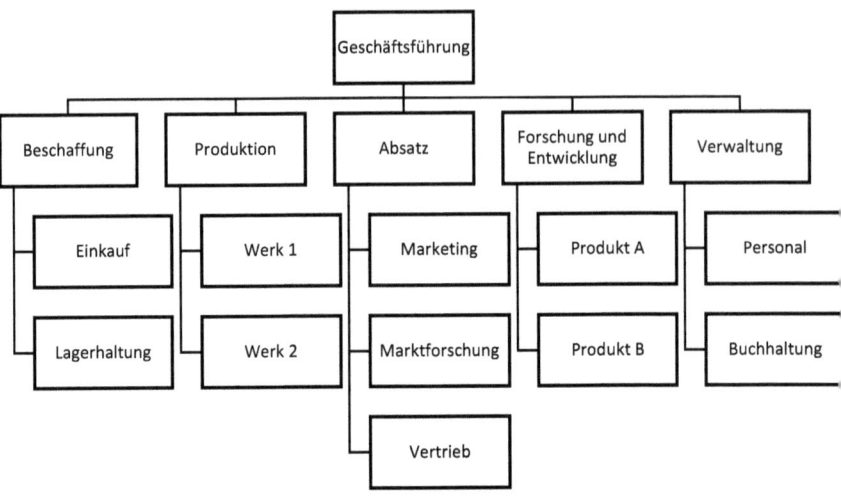

Abbildung 1: Grundmodell der funktionalen Organisation

(Quelle: Eigene Darstellung in Anlehnung an Bea & Göbel, 2019, S. 342)

Laut Bach und Kollegen (2012) ist bei der Einlinien-Struktur zu beachten, dass jeder Mitarbeitende nur von einen Vorgesetzten Anweisungen erhält. Umgedreht berichten die Mitarbeitenden ebenso nur an einen Vorgesetzten (Bach et al., 2012, S. 263). Daraus ergeben sich für die Geschäftsleitung viele Koordinationsaufgaben, da zwischen den einzelnen Verrichtungen viele produkt- und marktbezogene Abhängigkeiten bestehen (Bach et al., 2017, S. 280). Wenn die Geschäftsführung durch den koordinativen Aufwand überlastet ist und sich der strategischen Planung des Unternehmens nicht mehr ausreichend widmen kann, besteht die Möglichkeit, dass die Geschäftsleitung durch weitere Personen ergänzt wird. In einer Aktiengesellschaft werden hierfür neue Vorstandsressorts eingerichtet und in einer GmbH neue Geschäftsführer eingestellt (Bokranz, Hildebrandt & Wehling, 1995, S. 89). Wichtig ist jedoch, dass ab der dritten Hierarchieebene nicht mehr zwingend die Einlinien-Struktur zur Anwendung kommen muss, sondern ebenso eine Unterteilung nach Objekt, also der Produktart, erfolgen kann (Bokranz et al., 1995, S. 89). Im Falle von Time könnte es sein, dass in der Produktart ab der dritten Hierarchieebene zwischen analogen Uhren und Smartwatches unterschieden wird, da hierfür unterschiedliche Technologien zum Tragen kommen.

Der Hauptgrund für die Zusammenlegung von Funktionen in einem Unternehmen ist laut Jones & Bouncken (2008), dass Lern- und Größeneffekte entstehen. Diese Effekte steigern die Effizienz eines Betriebes sowie die Spezialisierung (Jones & Bouncken, 2008, S. 349). So wird angenommen, dass bei der Firma Time zum Beispiel die Marktforschung immer an ein externes Institut gegeben wurde. Durch das Wachsen und die breitere Aufstellung mit dem neuen Marktsegment der Smartwatches wurde die Marktforschung in die Funktion Absatz aufgenommen. Dadurch hat Time an Größe und Komplexität gewonnen und kann die eigenen Funktionen weiterentwickeln (Jones & Bouncken, 2008, S. 349).

Bokranz und Kollegen (1995) weisen darauf hin, dass in funktionalen Organisationen meistens die Bereiche als Cost-Center und nicht als Profit-Center geführt werden. Dies hat den Grund, dass eine Verrichtung alleine nicht die Leistung erbringen kann, sondern es einer Zusammenarbeit der verschiedenen Verrichtungen bedarf (Bokranz et al., 1995, S. 90). Zum Beispiel kauft der Einkauf die einzelnen Teile für die Uhr ein, jedoch weiß der Einkauf nur, was beschafft werden muss, weil vorher die Forschung und Entwicklung einen Prototypen einer Uhr hergestellt hat. Anschließend bedarf es der Produktion, die die Uhr zusammenzusetzen und den Absatz für den Vertrieb der Uhr. Zudem müssen die separaten Verrichtungen in ihren einzelnen Aufgaben durch die Geschäftsführung koordiniert werden, um das gemeinsame Ziel „hochwertige Uhr" verfolgen zu können. Es bringt nichts, wenn der Einkauf besonders preiswerte Teile einkauft und der Absatz Sonderwünschen von Kunden ohne Rücksprache nachkommt (Freichel, 1992, S. 122). Im nachfolgenden Abschnitt werden die Vor- und Nachteile von funktionalen Organisationsstrukturen besprochen.

2.2 Vor- und Nachteile von funktionalen Organisationen

Wie bereits erwähnt wurde, ist ein großer Vorteil der funktionalen Organisation die Zusammenfassung der Verrichtungsarten. Es gibt nach Bea und Göbel (2019), neben dem Lerneffekt auch einen Spezialisierungsvorteil. Da identische Ressourcen in einer Einheit gebündelt sind, wird doppelte Arbeit vermieden (Bea & Göbel, 2019, S. 343). Zum

Beispiel benötigt es nicht für jedes Produkt eine eigene Marketingabteilung, sondern es gibt eine Abteilung, die den Unternehmensauftritt in allen Bereichen organisiert. Weiterhin kann durch diese Form der Organisation ressourceneinsparend in der Produktion gearbeitet werden. Hierbei ist jedoch darauf zu achten, dass die produzierenden Anlagen nicht ständig umgerüstet werden müssen (Bach et al., 2012, S. 264). Ein weiterer Vorteil ergibt sich daraus, dass in den einzelnen Bereichen des Unternehmens sehr viele Spezialisten vertreten sind (Bach et al., 2017, S. 281) und sich daraus wiederum eindeutige Zuständigkeiten ergeben, die einen reibungslosen Ablauf in den einzelnen Wertschöpfungsprozessen gewährleisten (Bea & Göbel, 2019, S. 343). Im Gegensatz zu Bea und Göbel (2019) betrachten Bach und Kollegium (2017) die Punkte der Prozesseffizienz und der Humanressourcen-Orientierung etwas differenzierter. Bach und Mitarbeitende (2017) sind der Meinung, dass die Prozesseffizienz nur mäßig zu beurteilen ist. In den meisten Unternehmungen ist zu beobachten, dass die einzelnen Funktionen nur ihre eigenen Aktivitäten und Teilprozesse betrachten, aber nicht die der anderen Verrichtungen. Hierdurch kann es zu immensen Problemen innerhalb der Wertschöpfungskette kommen (Bach et al., 2017, S. 282). Ein Beispiel hierfür kann sein, dass der Einkauf der Firma Time eine große Stückzahl an hochwertigen Lederarmbändern zu einem günstigen Preis einkauft. Da eine Untersuchung des Marktes ergab, dass gerade Edelstahlarmbänder viel gefragter sind, werden durch den Fehleinkauf Lagerkapazitäten und Ressourcen (Budget) gebunden, die hierdurch nicht mehr zur Verfügung stehen. An diesem Beispiel ist ein Nachteil der funktionalen Organisation gut zu erkennen: die Gefahr des Ressortegoismus und Bereichsdenkens (Fiedler, 2010, S. 36). Dieser zeigt sich nach Laske und Kollegium (2006) darin, dass die einzelnen Funktionen darauf bedacht sind, die eigenen (Kosten-)Ziele zu erwirken und dabei das Verständnis für die gesamte Organisation und die Nachbarfunktionen teilweise oder ganz verlieren (Laske et al., 2006, S. 50). Bach und Kollegen (2012) schreiben, dass hierdurch ebenso die Führungseffizienz geschwächt wird. Grundsätzlich lässt sich festhalten, dass es in der Einlinien-Struktur keine Kompetenzstreitigkeiten gibt und die Führung der einzelnen Verrichtungen klar geregelt ist, aber die unterschiedlichen Interessen der einzelnen Funktionen erfordern von der Geschäftsführung eine sehr gute Gesamtführung (Bach et al., 2012, S. 264). Da durch die Geschäftsführung keine Delegation der Geschäfts- und Ergebnisverantwortung möglich ist, ergibt sich ein sehr gemischtes Bild auf die Führungseffizienz (Bach et al., 2017, S. 282). Freichel (1992) beschreibt, dass die Durchführung von Tätigkeiten des strategischen Managements durch die unabdingbaren taktisch-operativen Aufgaben aus dem Aufgabenbereich der Geschäftsleitung zum Teil verdrängt werden. Dies kann wiederum zu einer Spaltung der Geschäftsführung führen, wenn diese mit mehr als einer Person besetzt ist (S. 120).

Die Humanressourcen-Orientierung wird von Bach und Kollegen (2017) ebenfalls differenziert betrachtet. Zum einen ist das Wissen durch die vielen Spezialisten im Unternehmen enorm und neue Mitarbeiter können schnell von dem großen Erfahrungsschatz lernen. Jedoch gibt es Schwächen, da nur wenige bis gar keine Generalisten im Unternehmen vertreten sind und das unternehmerische Denken zu kurz kommt. Auf junge Nachwuchsführungskräfte kann das Modell der funktionalen Organisation aufgrund der wenigen Führungspositionen demotivierend wirken und zu einem Ausscheiden aus dem Unternehmen führen. Auf der anderen Seite steht jedoch, dass die Mitarbeitenden ihre klaren Tätigkeits- und Stellenbeschreibungen häufig als positiv wahrnehmen (Bach et al., 2017, S. 282).

Bach und Kollegium (2017) schreiben weiterhin, dass die funktionale Organisation durch das hohe operative Tätigkeitsfeld der Geschäftsführung sehr flexibel ist und schnell auf quantitative Umweltveränderungen reagieren kann. Darunter fällt, dass eine Anpassung der Stückzahl oder eine Umrüstung auf ein anderes Produkt sowie das Reagieren auf Qualitätsmängel sehr rasch vonstatten geht. Hingegen sind qualitative, funktionsübergreifende Veränderungen nur langsam durchzuführen. Hierbei stehen häufig die Differenzen oder der Ressortegoismus der einzelnen Verrichtungen im Weg (Bach et al., 2017, S. 282). Wenn, wie in der Firma Time, einmal jährlich ein Strategiemeeting einberufen wird, kann die strategische Ausrichtung diskutiert werden. Jedoch sind die einzelnen Kommunikationswege bei einer schnellen Reaktion auf die Anforderungen des Marktes sehr lang (Freichel, 1992, S. 120; Schreyögg, 2016, S. 30). Dies bestätigen auch Bach und Kollegen (2012). Die Autoren sehen die geringe Marktorientierung als eine große Schwäche der funktionalen Organisation, da zwar im Vertrieb und Marketing die Kundenwünsche schnell ankommen, aber anschließend nur schwer ihren Weg in die einzelnen Verrichtungen finden (Bach et al., 2012, S. 281–282).

Als weiterer Nachteil der funktionalen Organisation lässt sich anführen, dass es immer wieder Aufgaben gibt, die keiner Funktion eindeutig zuzuordnen ist und erst durch die Geschäftsführung bestimmt werden muss, wer diese auszuführen hat (Schreyögg & Geiger, 2016, S. 44). Dieser zusätzliche koordinative Aufwand geht gleichzeitig mit höheren Kosten einher (Freichel, 1992, S. 120).

Als weitere Schwäche sehen verschiedene Autoren wie Bokranz und Kollegium (1995) oder Schreyögg und Geiger (2016) die Zuteilung von Kosten zu den einzelnen Funktionseinheiten, aber keine Zuordnung der Erlöse an. Dadurch können die einzelnen Funktionen ihre Erfolge am Unternehmenserfolg nur schwer erahnen und es kommt gehäuft zu einer Suboptmierung im Unternehmen. Zum anderen werden Ziele zulasten eines anderen Bereiches erreicht, was zu Unmut zwischen Funktionen führt (Bokranz et al., 1995, S. 89; Schreyögg & Geiger, 2016, S. 44).

Abschließend lässt sich sagen, dass die genannten Vor- und Nachteile der funktionalen Organisation nicht auf jede funktionale Organisationsstruktur zu treffen. Ob ein Unternehmen eine funktionale Organisation ist, hängt von der zweiten Ebene ab. Eine funktionale Organisationsstruktur muss ab der dritten Hierarchieebene nicht mehr zwingend vorhanden sein. Die nachgeordneten Ebenen können ebenso nach Objekten gegliedert sein, woraus sich wiederum andere Vor- und Nachteile ergeben können (Schreyögg, 2016, S. 30).

3 Aufgabe A3 – Das Auswahlgespräch

Frau Jung hat für das 2-tägige Führungskräftetreffen noch einen weiteren Punkt auf der Tagesordnung. Frau Jung hat in den letzten Monaten immer wieder von Mitarbeitenden Beschwerden über die Auswahlgespräche gehört. Bei näherer Betrachtung der Beanstandungen konnte Frau Jung feststellen, dass die Auswahlgespräche für interne Stellen sehr unterschiedlich geführt werden. Ihre Aufgabe ist es nun, ein neues Verfahren für Auswahlgespräche einzuführen. Hierbei hat sich Frau Jung für das Multimodale Interview (MMI) nach Schuler entschieden. Im Rahmen des Führungskräftetreffens möchte Frau Jung zunächst auf die Probleme bei den aktuellen Auswahlgesprächen eingehen und Lösungsansätze anbieten. Anschließend werden die theoretischen Grundlagen das MMI kurz vorgestellt. Abschließend stellt Frau Jung den neuen optimalen Ablauf von Auswahlgesprächen vor. An dieser Stelle sei erwähnt, dass die Worte Einstellungsinterview, Interview, Auswahl- und Einstellungsgespräch synonym verwendet werden.

3.1 Probleme bei Auswahlgesprächen und Lösungsansätze

Schuler und Frintrup (2006) schreiben, dass das Einstellungsgespräch die wichtigste Methode im Rahmen der Personalauswahl ist. Der Auswählende bekommt einen guten Eindruck über die Bewerbenden und die Kandidaten erhalten einen Überblick über die Stelle, das Unternehmen, seine Kultur und die zu erwartenden Arbeitsbedingungen. Um Sympathie und Vertrauen der bewerbenden Person in das Unternehmen aufzubauen, ist es wichtig, dass möglichst keine Probleme während des Bewerbungsverfahrens auftreten (Schuler & Frintrup, 2006, S. 62). Dies trifft ebenso auf die interne Personalauswahl zu.

Bevor die Probleme systematisch verringert werden können, bedarf es ein einheitliches Interviewsystem in dem Unternehmen Time. Strzygowski (2014) weist darauf hin, dass jedes Interviewsystem seine eigenen Stärken und Schwächen aufweist und diese bei der Auswahl des geeigneten Systems beachtet werden müssen (S. 145). Aus diesem Grund hat sich die Autorin für das MMI als Interviewsystem entschieden. Laut Strzygowski (2014) hat dieses System nicht nur die höchste Vorhersagekraft, was den Arbeitserfolg des Bewerbenden betrifft, sondern ebenso deutlich weniger Defizite (S. 146). Laut Schuler und Moser (1995) erreicht das MMI eine sehr hohe Validität von $r = .78$ (S. 10). Weiterhin ist zu erwähnen, dass das Interview durch eine gute Vorbereitung auch bei nur einem Interviewer eine hohe Objektivität aufweist (Strzygowski, 2014, S. 146). Trotzdem ist es zu empfehlen, dass ein Interviewer aus der Personalabteilung und eine Person aus dem Fachbereich an dem Interview teilnehmen (Achouri, 2015, S. 21; Schuler, 2018, S. 227). Weiterhin ist zu bedenken, dass ein negativer Eindruck eines Einstellungsgespräches auf Bewerberseite ein schlechtes Image für das Unternehmen bedeutet (Cohrs & Block, 2015, S. 167). Dies gilt auch, wenn der Bewerber bereits ein Mitarbeiter im Unternehmen ist.

Frage zur Berufs- und Organisationswahl (Uhrenmacher)
Welcher Beruf hätte Sie noch interessiert, wenn Sie sich nicht für die Ausbildung zum Uhrenmacher entschieden hätten?
Bewertungshinweise: 1 – Berufe andere Interessenrichtungen, die andere Fähigkeiten erfordern, z. B. Kauffrau /-mann im Einzelhandel, Versicherungskauffrau/-mann : 2 – : 3 – Verwandte Berufe wie Feinoptiker, Gold- und Silberschmied, Feinwerkmechaniker etc. : 4 – : 5 – Es hätte noch andere Berufe gegeben, die mich interessiert hätten, z. B. Chirurgiemechaniker, aber für mich war klar, dass ich unbedingt Uhrenmacher werden wollte, weil mich das am meisten interessierte. Deshalb hatte ich mich schon gründlich über diese Ausbildung informiert und alles darangesetzt, einen Ausbildungsplatz zu bekommen.

Abbildung 2: Antwort mit Bewertungssystem

(Quelle: Eigene Darstellung in Anlehnung an Schuler, 2018, S. 235)

Damit ein Interview ein Erfolg wird, hat Schuler (2014b) Handlungen zur methodischen Verbesserung von Auswahlgesprächen vorgeschlagen. Darin empfiehlt Schuler (2014b) eine anforderungsbezogene Gestaltung des Interviews (S. 281). Das heißt konkret, dass im Vorfeld eine Anforderungsanalyse für die zu besetzende Position erstellt wird (Schuler, 2018, S. 227). Blickle (2019) empfiehlt für die Anforderungsanalyse genaue Dimensionen auszuarbeiten, die später in dem Interview abgefragt werden. Zu den einzelnen Fragen sollen weiterhin bereits Antworten und ein Bewertungssystem mit Bewertungshinweisen formuliert werden (Blickle, 2019, S. 279). In der Abbildung 2 ist ein Beispiel für eine Frage mit entsprechenden Bewertungssystem dargestellt.

Schuler (2018) weist daraufhin, dass die Fragestellung aus der Abbildung 2 deutlich spezifischer ist als die Frage danach, warum ein bestimmter Ausbildungsberuf gewählt wurde. Die Antwort gibt einen Aufschluss darüber, wie reflektiert eine Entscheidung durch den Bewerbenden getroffen wurde. Durch das 5-Punkte-Bewertungssystem kann sehr gut zwischen den einzelnen Bewerbern abgestuft werden. Nur wenige Bewerber werden bei der fünf liegen. Entsprechend Schuler (2018) sollten ca. zehn bis 15 % aller Bewerber eine Antwort dieser Kategorie nennen. Die meisten werden eine Antwort in der mittleren Kategorie abgeben (Schuler, 2018, S. 234–235).

Weiterhin nennt Schuler (2014b), dass nur diejenigen Merkmale erfasst werden sollen, die nicht bereits anderweitig erfasst wurden. Damit ist gemeint, dass Schul- und Examensnoten schon durch andere Institutionen festgestellt wurden und deswegen nicht erneut identifiziert werden müssen (Schuler, 2014b, S. 281).

Eine weitere Handlungsempfehlung ist, dass das Einstellungsgespräch mindestens in teilstandardisierter Form geführt werden sollte. Je geringer der Grad der Standardisierung ist, desto mehr Interviewer werden empfohlen (Schuler, 2014b, S. 281). Schuler (2018) rät davon ab, ein vollstrukturiertes Interview bei der Bewerberauswahl einzusetzen. Gründe hierfür sind, dass die Kandidierenden eine freie Gesprächsform bevorzugen, die mit dem vollstandarisierten Interview nicht gegeben ist (Schuler, 2018, S. 227). Bei einem teilstrukturierten Interview sollte der Redeanteil zwischen den Parteien in einem Verhältnis von 30:70 zugunsten des Bewerbenden liegen (Strzygowski, 2014, S. 148). Hierbei ist außerdem darauf zu achten, dass die Fragen nicht spontan im Gespräch in ihrer Reihenfolge vertauscht werden, da dies die Validität des Auswahlgespräches deutlich mindert (Blickle, 2019, S. 279).

Außerdem empfiehlt Schuler (2014b) die Aufnahme von Elementen aus dem Assessment Center (S. 281). Dies könnte zum Beispiel ein Kurzvortrag oder eine Präsentation sein (Schuler, 2018, S. 227). Im MMI kommt diese Form jedoch nicht vor, wie später zu sehen ist.

Bei dem Interview soll klar zwischen Informationen und der Entscheidung getrennt werden, wobei der Entscheidungsprozess standardisiert ablaufen soll (Schuler, 2014b, S. 281). Jedoch ist nach Schuler (2018) darauf zu achten, dass jede Antwort für sich genommen sofort nach der Beantwortung bewertet wird. Um dies gut umsetzen zu können, empfiehlt es sich wiederum zwei Interviewer zu haben. So kann ein Interviewer die Fragen stellen und der andere Interviewer kann die Antworten und Verhaltensweisen des Kandidierenden bewerten und notieren. Nach Beendigung des Interviews können die einzelnen Bewertungen zu einem Gesamtbild zusammengefasst und die oder der Bewerbende bewertet werden (Schuler, 2018, S. 228; Strzygowski, 2014, S. 179).

Zum Schluss rät Schuler (2014b) noch zu einem Training der Interviewer (S. 281). Die Qualifizierung dient u. a. auch dazu, dass die Ergebnisse trotz unterschiedlicher Interviewer immer gleich bewertet werden können, unabhängig von der Qualifikation der durchführenden Person (Schuler, 2013, S. 48–49).

Strzygowski (2014) gibt einige Tipps, wie die Durchführung eines Interviews optimal gestaltet werden kann. Weiter oben wurde bereits erwähnt, dass zwei Interviewer zu empfehlen sind. Hierbei ist darauf zu achten, dass im Vorfeld die Gesprächsteile der einzelnen Personen genau festgelegt werden. Zum Beispiel empfiehlt es sich, dass ein Personaler eher das Unternehmen als Ganzes vorstellt und der Fachvertreter die Situation des zukünftigen Arbeitsumfeldes beschreibt und die Tätigkeitsbeschreibung erläutert. Genauso sollte bei Fragen vorgegangen werden. Allgemeine Fragen werden durch den Mitarbeitenden der Personalabteilung gestellt und spezifische Fragen oder Handlungswissen wiederum durch den Mitarbeitenden der Fachabteilung (Strzygowski, 2014, S. 148).

Strzygowski (2014) schlägt weiterhin vor, dass das Gespräch zwischen 30 und 60 Minuten dauern soll. Bei Führungskräften können es jedoch auch 1,5 Stunden sein. Außerdem sollte das Gespräch an einem ruhigen Ort ohne Ablenkungen stattfinden, sodass sich eine entspannte Gesprächsatmosphäre einstellen kann (Strzygowski, 2014, S. 148).

Achouri (2015) rät dazu, das Interview mithilfe der offenen Fragetechnik nach dem Verhaltensdreieck zu führen. Das heißt, dass offene Fragen immer als W-Fragen formuliert werden. Diese Art der Fragen animiert den Bewerbenden von sich aus zu erzählen und nicht nur „Ja"- oder „Nein"-Antworten zu geben, wie dies bei geschlossenen Fragen der Fall wäre (Achouri, 2015, S. 26).

In nachfolgenden Abschnitt werden die theoretischen Grundlagen des MMI kurz erläutert, um anschließend einen optimalen Ablauf eines Auswahlgespräches vorzustellen.

3.2 Theoretische Grundlagen des Multimodalen Interviews

Das MMI wurde im Jahr 1992 von Schuler entwickelt. Dieses Einstellungsinterview wurde damals in der Zusammenarbeit mit dem deutschen Bankenverband entwickelt. Das Interview ist jedoch in verschiedenen Versuchs- und Anwendungsfeldern anwendbar. Hierbei muss ggf. nur der Aufbau etwas angepasst werden (Schuler, 1992, S. 284–285). Das MMI ist ein teilstrukturiertes Interview, dass auf den trimodalen Ansatz der Berufseignungsdiagnostik zurückgeht (Brinkmann, 2018, S. 201). Entsprechend Schuler (2014a) kann eine „vollständige" Diagnostik nur erfolgen, wenn verschiedene Ansätze kombiniert werden. So kommen bei dem trimodalen Ansatz drei verschiedene Verfahrenstypen zur Anwendung: (1) eigenschafts- oder konstruktorientiertes Verfahren, (2) simulationsorientiertes Verfahren und (3) biografieorientiertes Verfahren (Schuler, 2014a, S. 157). Der Eigenschafts- oder Konstruktansatz erfasst zeitlich stabile Persönlichkeitsmerkmale, wie zum Beispiel Intelligenz oder Gewissenhaftigkeit (Höft & Schuler, 2019, S. 76). Dabei lautet die Grundfragestellung: „Über welche Eigenschaften soll jemand verfügen?" (Höft & Schuler, 2019, S. 75). Die Merkmale müssen hierbei entsprechend Höft und Schuler (2019), anhand ihrer Konstruktvalidität überprüft werden, um einen Erfolg voraussagen zu können. Hingegen wird bei dem Simulationsansatz ein Verhalten erfasst, dass so oder ähnlich ebenfalls am Arbeitsplatz gezeigt werden kann (Höft & Schuler, 2019, S. 82). Die Grundfragestellung bei diesem Ansatz lautet „Welche beruflichen Situationen muss jemand bewältigen?" (Höft & Schuler, 2019, S. 75). Das dritte Verfahren, der biografische Ansatz, möchte herausfinden, welche Erfahrungen jemand in ihrem oder seinem bisherigen (Berufs-)Leben gemacht hat und wie diese Person bestimmte Situationen gemeistert hat (Höft & Schuler, 2019, S. 75, siehe auch Kapitel 1.1). Daraus ergibt sich für das MMI sozusagen ein „Mikrokosmos multimethodaler Eignungsdiagnostik" (Schuler, 2014b, S. 288).

Zusammenfassend lässt sich feststellen, dass das MMI in der Lage ist, verschiedenste Facetten einer Person, die einen möglichen Einfluss auf das spätere berufliche Verhalten haben können, standardisiert zu erfassen (Schuler, 2013, S. 33).

3.3 Der Aufbau des Multimodalen Interviews

Laut Schuler (2014b) besteht das MMI aus einer Abfolge von acht Gesprächskomponenten, die fest vorgeschrieben ist. Fünf dieser Bestandteile dienen dazu, dass sich die Interviewer ein diagnostisches Bild über die oder den Bewerbenden machen können. Die anderen drei Abschnitte erfüllen die Funktion, das Gespräch natürlich wirken zu lassen und die sich bewerbende Person über die Stellenanforderungen zu unterrichten (Schuler, 2014b, S. 287). Im Nachfolgenden wird der Ablauf des MMI beschrieben (Schuler, 2018, S. 230–232):

1. Gesprächsbeginn. Der erste Teil des Gespräches startet mit einer Begrüßung und leitet anschließend in das Auswahlgespräch über. Für den Bewerbenden soll eine offene und freundliche Gesprächsatmosphäre entstehen, in der sich die Person wohlfühlt. Eine Bewertung findet in diesem ersten Teil noch nicht statt.

2. Selbstvorstellung des Bewerbenden. Die bewerbende Person wird durch den Interviewer aufgefordert, in freier Form von ihren oder seinen beruflichen Werdegang oder der bisherigen Ausbildung zu berichten. Dabei soll der Kandidierende ebenso auf die Erwartungen an die zukünftige Stelle eingehen. Die Beurteilung erfolgt auf verschiedenen Dimensionen, die die Anforderungen der Stelle berücksichtigen und speziell in dieser Situation zu beobachten sind. Dabei kann die Bewertung zum Beispiel auf einer Skala von 1 bis 5 vorgenommen werden. Beispiel Dimensionen können sein, Organisation (z. B. strukturiert; wesentliche Punkte genannt), Erfolgsorientierung (z. B. positive Einstellung zur Arbeit; wirkt sicher und souverän) und Kooperation (z. B. Umgangsformen; Blickkontakt).

3. Freier Gesprächsteil. In diesem Teil werden durchschnittlich fünf Fragen gestellt, die bei der Durchsicht des Lebenslaufes aufgekommen sind und bei der Selbstvorstellung des Kandidaten nicht geklärt werden konnten. Die Frageform ist an dieser Stelle offengehalten und fordert den Bewerber zum Erzählen auf. Die Antworten sollten erst am Ende des Gesprächs durch die Interviewer bewertet werden.

4. Berufsinteressen, Berufs- und Organisationswahl. In diesem Gesprächsabschnitt werden Fragen zur Berufswahl und dem Interesse an dieser speziellen Position gestellt. Weiterhin werden Fragen zum Selbstbild der bewerbenden Person gestellt und wie sie oder er denkt, dass sie oder er mit den Anforderungen der ausgeschriebenen Stelle umgehen werde. Bei diesen Fragen empfiehlt sich eine

1 – 5-Bewertungsskala zu vorher festgelegten Bewertungshinweisen. Wenn hingegen Handlungswissen abgefragt wird, gibt es nur eine Richtig-Falsch-Skala zur Beurteilung des Kandidierenden.

5. Biografiebezogene Fragen. In dieser Kategorie werden Fragen auf der Grundlagen des eigenschaftstheoretischen Ansatzes und des Simulationsansatzes gestellt. Wobei sich die Fragen aus dem Simulationsansatz an bereits gegebenen Situationen orientieren. Die Fragen werden zu Beginn sehr offen gestellt und stückchenweise verengt, um den Bewerberenden in ihrer oder seiner Handlungsweise besser einschätzen zu können. Wie in Punkt 4 werden hier die Angaben des Kandidierenden in einer Bewertungsskala erfasst, die zuvor festgelegte Bewertungshinweise enthält.

6. Realistische Tätigkeitsinformation. An dieser Stelle wird über die Anforderungen der Tätigkeit informiert. Bei einer Führungsposition werden weiterhin Informationen über das Team gegeben, insbesondere wenn schwierige Charaktere in der Gruppe sind. In diesem Abschnitt sollen also nicht nur positive Aspekte genannt werden, sondern ebenso negative, damit eine realistische Einschätzung der Stelle aufseiten des Bewerbenden stattfinden kann. Abschließend wird dem Kandidierenden die Möglichkeit gegeben, zur Position und dem Team Fragen zu stellen.

7. Situative Fragen. Situative Fragen stellen eine erfolgskritische Situation dar und der Bewerbende wird gebeten, sein Verhalten in einem solchen Sachverhalt darzulegen. Hierbei ist es wichtig, dass ein Mix aus generellen und aufgabenspezifischen Fragen gestellt wird. Auch hier erfolgt die Bewertung wieder anhand vorher festgelegter Werte.

8. Gesprächsabschluss. Im Gesprächsabschluss wird dem Kandidierenden die Möglichkeit gegeben, offene Fragen zu stellen. Weiterhin wird der Bewerbende über das weitere Vorgehen unterrichtet. Ein Feedback wird an dieser Stelle explizit nicht gegeben.

Ein Beispiel des Ablaufes des MMI für die Position „Leiter Einkauf" am Beispiel des Unternehmens Time befindet sich im Anhang.

Literaturverzeichnis

Achouri, C. (2015). *Human Resource Management: Eine praxisbasierte Einführung* (2.). Wiesbaden: Gabler Verlag. https://doi.org/10.1007/978-3-8349-4740-6

Aigner, U. & Bauer, C. (2008). *Der Weg zum richtigen Mitarbeiter: Personalplanung, Suche, Auswahl und Integration* (1.). Wien: Linde Verlag.

Bach, N., Brehm, C., Buchholz, W. & Petry, T. (2012). *Wertschöpfungsorientierte Organisation: Architekturen - Prozesse - Strukturen* (1.). Wiesbaden: Gabler Verlag. https://doi.org/10.1007/978-3-8349-3691-2

Bach, N., Brehm, C., Buchholz, W. & Petry, T. (2017). *Organisation: Gestaltung wertschöpfungsorientierter Architekturen, Prozesse und Strukturen* (2.). Wiesbaden: Springer Fachmedien. https://doi.org/10.1007/978-3-658-17169-8

Bea, F. X. & Göbel, E. (2019). *Organisation: Theorie und Gestaltung* (5.). München: UVK Verlag.

Blickle, G. (2019). Personalauswahl. In F.W. Nerdinger, G. Blickle & N. Schaper (Hrsg.), *Arbeits- und Organisationspsychologie* (4., S. 271–302). Berlin; Heidelberg: Springer. https://doi.org/10.1007/978-3-662-56666-4_17

Bliesener, T. (1996). Methodological moderats in validating biographical data in personnel selection. *Journal of Occupational and Organizational Psychology, 69*(1), 107–120. https://doi.org/10.1111/j.2044-8325.1996.tb00603.x

Bokranz, R., Hildebrandt, B. & Wehling, J. (1995). *Organisation im Bankbetrieb: Band 1 Aufbauorganisation, Ablauforganisation, Datenerhebung* (1.). Wiesbaden: Springer Fachmedien. https://doi.org/10.1007/978-3-663-05883-0

Brinkmann, R. (2018). *Angewandte Wirtschaftspsychologie* (1.). Hallbergmoos: Pearson.

Bröckermann, R. (2016). *Personalwirtschaft: Lehr- und Übungsbuch für Human Resource Management* (7.). Stuttgart: Schäffer-Poeschel Verlag.

Carl, N., Fiedler, R., Jórasz, W. & Kiesel, M. (2017). *BWL kompakt und verständlich: Für Studierende von Ingenieurs- und IT-Studiengängen sowie für Fach- und Führungskräfte ohne BWL-Studium* (4.). Wiesbaden: Springer Fachmedien. https://doi.org/10.1007/978-3-658-17064-6

Carlson, K. D., Scullen, S. E., Schmidt, F. L., Rothstein, H. & Erwin, F. (1999). Generalizable biographical data validity can be achieved without multi-organizational development and keying. *Personnel Psychology*, *52*(3), 731–755. https://doi.org/10.1111/j.1744-6570.1999.tb00179.x

Cohen, J. (1988). *Statistical Power Analysis for the Behavioral Sciences* (2.). New Jersey: Lawrence Erlbaum Associates.

Cohrs, C. & Block, C. (2015). Personalauswahl. In J. Rowold (Hrsg.), *Human Resource Management: Lehrbuch für Bachelor und Master* (2., S. 159–171). Berlin; Heidelberg: Springer. https://doi.org/10.1007/978-3-662-45983-6_15

Dannenberg, M. (2001). *Strategisches Bankmanagement: Die Bewältigung von Komplexität, Dynamik und Unsicherheit im Kreditgewerbe* (1.). Wiesbaden: Betriebswirtschaftlicher Verlag Dr. Th. Gabler.

Fiedler, R. (2010). *Organisation kompakt* (1.). München: Oldenbourg Wissenschaftsverlag.

Freichel, S. L. K. (1992). *Organisation von Logistikservice-Netzwerken: Theoretische Konzeption und empirische Fallstudie* (1.). Berlin: Erich Schmidt Verlag.

Goldsmith, D. (1922). The use of the personal history blank as a salesmanship test. *Journal of Applied Psychology*, *6*(2), 149–155. https://doi.org/10.1037/h0073592

Höft, S. & Schuler, H. (2019). Personalmarketing und Personalauswahl. In H. Schuler & K. Moser (Hrsg.), *Lehrbuch Organisationspsychologie* (6., S. 47–108). Bern: Hogrefe. https://doi.org/10.1024/85997-000

Jones, G. R. & Bouncken, R. B. (2008). *Organisation: Theorie, Design und Wandel* (5.). München: Pearson Studium.

Kauffeld, S. & Grohmann, A. (2019). Personalauswahl. In S. Kauffeld (Hrsg.), *Arbeits-, Organisations- und Personalpsychologie für Bachelor* (3., S. 139–165). Berlin: Springer-Verlag. https://doi.org/10.1007/978-3-662-56013-6_6

Laske, S., Meister-Scheytt, C. & Küpers, W. (2006). *Organisation und Führung* (1.). Münster: Waxmann Verlag.

Liebel, H. J. (1993). Eignungsdiagnostik. In H. Strutz (Hrsg.), *Handbuch Personalmarketing* (2., S. 358–373). Wiesbaden: Springer Fachmedien.

Mael, F. A. (1991). A conceptual rationale for the domain and attributes of biodata items. *Personnel Psychology*, *44*(4), 763–792. https://doi.org/10.1111/j.1744-6570.1991.tb00698.x

Mumford, M. D., Barrett, J. D. & Hester, K. S. (2012). Background Data: Use of Experiential Knowledge in Personnel Selection. In N. Schmitt (Hrsg.), *The Oxford Handbook of Personnel Assessment and Selection* (1., S. 353–382). Oxford, UK: Oxford University Press. https://doi.org/10.1093/oxfordhb/9780199732579.013.0016

Mumford, M. D. & Owens, W. A. (1987). Methodology Review: Principles, Procedures, and Findings in the Application of Background Data Measures. *Applied Psychology Measurement*, *11*(1), 1–31. https://doi.org/10.1177/014662168701100101

Nicolai, C. (2020). *Betriebliche Organisation* (3.). Tübingen: UVK Verlag.

Reilly, R. R. & Chao, G. T. (1982). Validity and fairness of some alternative employee selection procedures. *Personnel Psychology*, *35*(1), 1–62. https://doi.org/10.1111/j.1744-6570.1982.tb02184.x

Schanz, G. (2000). *Personalwirtschaftslehre* (3.). München: Verlag Franz Vahlen.

Schreyögg, G. (2016). *Grundlagen der Organisation: Basiswissen für Studium und Praxis* (2.). Wiesbaden: Springer Fachmedien. https://doi.org/10.1007/978-3-658-13959-9

Schreyögg, G. & Geiger, D. (2016). *Organisation: Grundlagen moderner Organisationsgestaltung. Mit Fallstudie* (6.). Wiesbaden: Springer Gabler. https://doi.org/10.1007/978-3-8349-4485-6

Schreyögg, G. & Koch, J. (2020). *Management: Grundlagen der Unternehmensführung* (8.). Wiesbaden: Springer Gabler. https://doi.org/10.1007/978-3-658-26514-4

Schuler, H. (1986). Der Einsatz biographischer Fragebogen zur Prognose des Berufserfolgs: Einleitende Überlegungen und Überblick. In H. Schuler & W. Stehle (Hrsg.), *Biographische Fragebogen als Methode der Personalauswahl* (1., S. 1–16). Stuttgart: Verlag für Angewandte Psychologie.

Schuler, H. (1992). Das Multimodale Einstellungsinterview. *Diagnostica*, *38*, 281–300.

Schuler, H. (2013). Personalauswahl: Eine eignungsdiagnostische Perspektive. In R. Stock-Homburg & B. Wolff (Hrsg.), *Handbuch Strategisches Personalmanagement* (1.,

S. 29–58). Wiesbaden: Gabler Verlag. https://doi.org/10.1007/978_-3-658-00431-6_3

Schuler, H. (2014a). *Psychologische Personalauswahl: Eignungsdiagnostik für Personalentscheidungen und Berufsberatung* (4.). Göttingen: Hogrefe.

Schuler, H. (2014b). Biografieorientierte Verfahren der Personalauswahl. In H. Schuler & U.P. Kanning (Hrsg.), *Lehrbuch der Personalpsychologie* (3., S. 257–299). Göttingen: Hogrefe.

Schuler, H. (2018). *Das Einstellungsinterview* (2.). Göttingen: Hogrefe.

Schuler, H. (2020). Auswahl von Mitarbeitern. In L. von Rosenstiel, E. Regnet & M.E. Domsch (Hrsg.), *Führung von Mitarbeitern: Handbuch für erfolgreiches Personalmanagement* (8., S. 189–226). Stuttgart: Schäffer-Poeschel Verlag.

Schuler, H. & Frintrup, A. (2006). Wie das Einstellungsinterview zur überlegenen Auswahlmethode wird. *Personalführung*, *5*, 62–70.

Schuler, H. & Marcus, B. (2001). Biographieorientierte Verfahren der Personalauswahl. In H. Schuler (Hrsg.), *Lehrbuch der Personalpsychologie* (1., S. 175–212). Göttingen: Hogrefe.

Schuler, H. & Moser, K. (1995). Die Validität des Multimodalen Interviews. *Zeitschrift für Arbeits- und Organisationspsychologie*, *39*(1), 2–12.

Stehle, W. (1986). Personalauswahl mittels biographischer Fragebogen. In H. Schuler & W. Stehle (Hrsg.), *Biographische Fragebogen als Methode der Personalauswahl* (1., S. 17–57). Stuttgart: Verlag für Angewandte Psychologie.

Stokes, G. S. & Cooper, L. A. (2004). Biodata. In J.C. Thomas & M. Hersen (Hrsg.), *Comprehensive Handbook of psychological assessment* (4., S. 243–268). Hoboken, N.J: John Wiley & Sons.

Strobel, A. & Franke-Bartholdt, L. (2017). Interviewverfahren und biografischer Fragebogen. In D.E. Krause (Hrsg.), *Personalauswahl: Die wichtigsten diagnostischen Verfahren für das Human Resources Management* (1., S. 91–126). Wiesbaden: Springer Gabler. https://doi.org/10.1007/978-3-658-14567-5_5

Struck, O. (1998). *Individuenzentrierte Personalentwicklung: Konzepte und empirische Befunde* (1.). Frankfurt/Main; New York: Campus Verlag.

Strzygowski, S. (2014). *Personalauswahl im Vertrieb: Wie Sie die passenden Top-*

Performer finden und gewinnen (1.). Wiesbaden: Springer Fachmedien. https://doi.org/10.1007/978-3-8349-3815-2

Vinchur, A. J., Schippmann, J. S., Switzer, F. S. I. & Roth, P. L. (1998). A meta-analytic review of predictors of job performance for salespeople. *Journal of Applied Psychology, 83*(4), 586–597. https://doi.org/10.1037/0021-9010.83.4.586

Anhang

Im Nachfolgenden befindet sich ein Vorschlag für ein Interview mit einem Bewerber für die Position „Leiter des Einkaufs" in Anlehnung an das MMI (Schuler, 2018, S. 235–242).

1. Gesprächsbeginn
   * Begrüßung
   * Getränk anbieten
2. Selbstvorstellung des Bewerbenden
   * Um Vorstellung des beruflichen Werdegangs bitten.
3. Freier Gesprächsanteil
   * Warum haben Sie sich nach Ihrer technischen Ausbildung für ein wirtschaftswissenschaftliches Studium entschieden?
4. Berufsinteressen, Berufs- und Organisationswahl
   * Welche Fähigkeiten braucht ein guter Einkäufer Ihrer Meinung nach?
   * Welche dieser Eigenschaften sind bei Ihnen hervorstechend?
   * Woran erkennen Sie das?
5. Biografiebezogene Fragen
   * Fragen zur Teamfähigkeit
     * Welche Erfahrungen haben Sie mit Gruppenarbeiten gemacht?
     * Sind Ihnen in der Gruppenarbeit schon einmal Probleme oder Meinungsverschiedenheiten entgegengetreten?
     * Was ist dabei herausgekommen?
     * Woran erkennen Sie das?
   * Fragen zur Führungsqualifikation
     * Hatten Sie schon einmal die Gelegenheit, Führungsaufgaben zu übernehmen?
     * Welche Situation war das?
     * Welche Erfahrungen haben Sie damit gemacht?
     * Woran erkennen Sie das?
6. Realistische Tätigkeitsinformation
   * Das Team ist sehr heterogen. Ein Mitarbeitender kann nicht gut mit der Software umgehen und muss regelmäßig motiviert werden. Ein anderer

Mitarbeitender fällt regelmäßig wegen der Pflege von Angehörigen aus, weshalb die Arbeit durch die restlichen Teammitglieder mit erledigt werden muss.

7. Situative Fragen

- Ein Mitarbeitender gesteht Ihnen, dass sie oder er einen groben Fehler gemacht hat, der dem Unternehmen viel Geld kosten wird. Wie verhalten Sie sich gegenüber Ihren Mitarbeitenden?

8. Gesprächsabschluss

- Gelegenheit für offene Fragen des Bewerbenden
- Angaben zum weiteren Vorgehen
- Verabschiedung